AF602266

1908 - Tome - 28 -

Vente après Décès de M. X***

Des 28 et 29 Février 1908, à 2 heures

HOTEL DROUOT - SALLE N° 10

ARMES

LIVRES

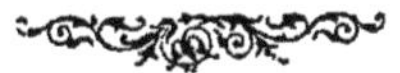

COMMISSAIRE-PRISEUR

Me HEMARD

51, Rue Lafayette

PARIS (IXe)

EXPERT

M. G. COURTOIS

51, Boulevard Lefebvre

PARIS (XVe)

EXPOSITION PUBLIQUE

Le Jeudi 27 Février 1908, de 2 heures à 6 heures

CATALOGUE

DES

ARMES & LIVRES

Composant la Collection de M. X...

Dont la Vente après Décès

AURA LIEU

HOTEL DROUOT — SALLE N° 10

Les 28 et 29 Février 1908, à 2 heures

PAR LE MINISTÈRE DE

M° HÉMARD. Commissaire-Priseur

51, Rue Lafayette, à Paris IX°

Assisté de **M. G. COURTOIS**, *Expert*

51, Boul. Lefebvre, à Paris (XV°)

EXPOSITION PUBLIQUE

Le Jeudi 27 Février 1908, de 2 heures à 6 heures

PARIS — 1908

ORDRE DES VACATIONS

Le Vendredi 28 Février 1908 :

Les ARMES : Du n° 1 au n° 225 inclus ;

Partie des **OBJETS DIVERS** : Du n° 309 au n° 330 inclus.

Le Samedi 29 Février 1908 :

Les LIVRES : Du n° 226 au n° 308 inclus ;

Partie des **OBJETS DIVERS** : Du n° 331 au n° 336 inclus et ce qui n'aura pu passer la veille.

CONDITIONS DE LA VENTE

La vente se fera **au comptant.**

Les Acquéreurs paieront **dix pour cent** en sus des adjudications.

L'Exposition mettant le public à même de se rendre compte des Objets, il ne sera admis aucune réclamation une fois l'**adjudication prononcée.**

L'Expert se réserve la faculté de réunir ou de diviser les numéros.

L'ordre numérique ne sera suivi que pour les Livres.

MAULDE, DOUMENC et Cie, imprimeurs de la Cie des Commissaires-Priseurs
rue de Rivoli, 144 560—45894

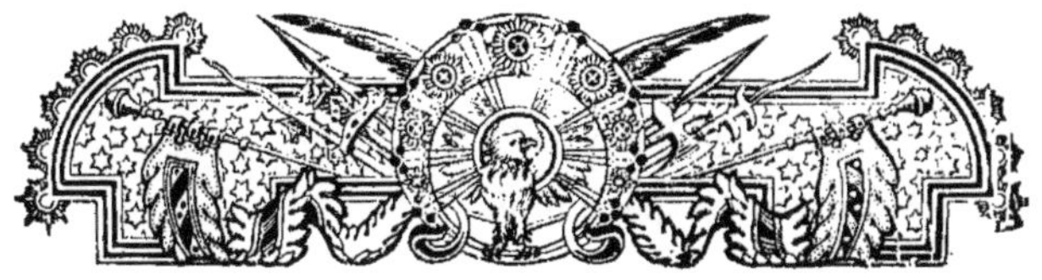

Désignation sommaire

ARMES

COUTEAUX, POIGNARDS, DAGUES

1 — Plusieurs Couteaux de chasse des XVIIIe et XIXe siècles.

2 — Couteau Persan : poignée en fer damasquiné d'argent, lame gravée.

3 — Deux Couteaux Turcs.

4 — Quatre Couteaux Espagnols.

5 — Trois Couteaux Arabes.

6 — Couteaux Albanais.

7 — Couteau Malais.

8 — Couteau Indien.

9 — Trois Couteaux Congolais.

10 — Couteau Chinois.

11 — Couteau Tonkinois.

12 — Couteaux non catalogués.

13 — Main gauche Espagnole.

14 — Une autre à garde ajourée, xvie siècle.

15 — Dague Florentine.

16 — Plusieurs Stylets.

17 — Deux Poignards Persans.

18 — Un autre, poignée ivoire, garnitures du fourreau niellé or et argent, orné de guirlandes de fleurs.

19 — Poignard Soudanais.

20 — Trois Poignards Sénégalais.

21 — Poignard Russe.

22 — Poignard Norvégien.

23 — Poignard Monténégrin.

24 — Poignard Cambodgien.

25 — Criss Malais.

26 — Poignard Congolais: manche en bois dur, à large lame, fourreau recouvert de peau de poisson et de serpent.

27 — Poignard Congolais : manche bois, large lame de forme ovale, ornée de deux arêtes médianes.

28 — Deux Poignards Circassiens.

29 — Poignard Chinois.

30 — Poignard de Bornéo.

31 — Poignard Birman.

32 — Deux Poignards Arabes.

33 — Trois Poignards Anglais.

34 — Poignard de scaphandrier.

35 — Deux Poignards Kabyles.

36 — Cinq Poignards Japonais.

37 — Poignard Italien.

38 — Deux Poignards Indiens.

39 — Poignard Grec.

40 — Quatre Poignards Espagnols.

41 — Poignard Crétois.

42 — Poignard Corse.

43 — Deux Kouttars Indiens.

44 — Flissah Kabyle.

45 — Poignard Tyrolien.

46 — Poignard Turc.

47 — Poignard Tunisien.

48 — Poignard Tripolitain.

49 — Poignard Touareg.

50 — Trois Poignards Suédois.

51 — Six Poignards de marine.

52 — Dix-neuf Poignards divers.

53 — Couteaux, Poignards et Dagues non catalogués.

GLAIVES, ÉPÉES, SABRES

54 — Glaive des Élèves de l'École de Mars ; monture laiton, poignée écailles surmontées d'un pommeau, croisière carrée portant une branche détachée en fer formant garde et deux quillons en fer terminés par des olives en laiton ; sur la croisière deux demi-oreilles timbrées d'un bonnet phrygien, fourreau recouvert drap rouge, garniture en laiton.

55 — Glaive des Chevaliers de Malte.

56 — Glaives maçonniques.

57 — Glaives de théâtre.

58 — Deux Rapières, garde à branches, XVIIe siècle.

59 — Deux Rapières à corbeille ajourée, XVIIe siècle.

60 — Deux Rapières à coquille.

61 — Plusieurs Croisettes.

62 — Deux Épées à garde wallonne, XVIIe siècle.

63 — Rapière Espagnole, XVIIe siècle.

64 — Schiavona.

65 — Claymore.

66 — Épée de deuil, en acier, XVIIIe siècle.

67 — Plusieurs Épées de cour, à garde ajourée, XVIIIe siècle.

68 — Épée de l'Institut d'Egypte.

69 — Dix Épées à poignée de nacre, monture bronze doré et ciselé de sujets divers : du premier au second Empire.

70 — Sept Épées de différents corps, Empire et Restauration.

71 — Épée de Pair de France : monture en bronze doré, pommeau en tête de lion, branche courbe formant croisière à angle presque droit et quillon, 1/2 coquille aux armes de France entre deux cornes d'abondance, sur le milieu de la croisière, petite couronne de lauriers, avec l'initiale C., poignée de nacre portant du côté extérieur un ornement composé d'une tête de Minerve et de palmes.

72 — Epée d'officier. — Restauration.

73 — Épée de Garde municipale 1830. Monture en laiton pommeau en forme d'olive cannelée, à coquille extérieure portant un coq et une banderole avec l'inscription : Garde municipale, 27, 28, 29 Juillet 1830.

74 — Une autre dont le pommeau porte une tête de coq, et la demi coquille extérieure un vaisseau.

75 — Deux Epées de veneur.

76 — Epée du Népaul, corne d'antilope.

77 — Epée Péruvienne.

78 — Epées non cataloguées.

79 — Deux Sabres de grosse cavalerie, modèle 1790.

80 — Un autre ; lame droite, garde en laiton à trois branches en S, la branche supérieure réunie au plateau par une fleur de lys, poignée recouverte de basane.

81 — Un autre avec variante dans la barrette de la garde du sabre qui est formée d'un faisceau surmonté d'un bonnet phrygien.

82 — Sabre de sapeur; monture en laiton, pommeau en tête de coq, le coq recouvert de plumes formant la poignée, croisière à deux quillons plats. — Révolution.

83 — Sabre d'officier Vendéen; sur la lame est gravé : Pour Dieu et la Patrie. — Révolution.

84 — Sabre de Volontaire patriote, lame gravée. — Révolution.

85 — Plusieurs Sabres d'officiers. — Révolution.

86 — Deux Sabres monture en laiton doré, à branches de garde mobiles. — Révolution.

87 — Trois Sabres d'officier des gardes nationales; garde à attributs révolutionnaires. — Révolution.

88 — Sabre de Gardes de la Convention; lame gravée or sur fond bleui, portant l'inscription : Je maintiendrai la Convention Nationale.

89 — Sabre de cavalerie légère, modèle an XI.

90 — Sabre de sapeur; monture en laiton, poignée unie terminée par une tête de coq, croisière à deux quillons plats. — Consulat.

91 — Un autre, mais terminé par une tête d'aigle. — Consulat.

92 — Sabre de sapeur; lame le dos en scie, monture en laiton, poignée lisse, croisière droite formée au milieu d'un médaillon carré portant une tête de méduse et terminée par deux quillons en tête de bélier. — Empire.

93 — Briquets et Coupe-Choux divers.

94 — Lot de Baïonnettes.

95 — Sabre de parement ; monture en bronze doré, pommeau à casque, fourreau en bronze doré et ciselé, dard fer. — Empire.

96 — Plusieurs Sabres d'officiers de cavalerie légère.— Empire.

97 — Deux Sabres de Mousquetaires, gris, variés. — Restauration.

98 — Sabre de Gardes du corps du roi.— Restauration.

99 — Sabre de Gardes du corps de Monsieur. — Restauration.

100 — Sabre de Tambour-Major ; monture en bronze doré, pommeau à tête de lion relié à la croisière par une chaînette, poignée bufle avec filigrane, croisière à la turque. Fourreau en laiton doré, garni sur la face extérieure d'ornements ciselés et repoussés, large dard et crochets de suspension. — Restauration.

101 — Sabre d'officier de la marine française.

102 — Sabre d'employé de chemin de fer. — Louis-Philippe.

103 — Sabres de sapeurs. — 1831.

104 — Sabres d'abordage ; monture en fer dite cuiller à pot, noircie.

105 — Sabre de Cent-Gardes ; lame à deux pans creux et à deux tranchants, monture en bronze doré, les branches de la garde surmontées d'un médaillon portant les armes impériales au manteau écartelé. — Second Empire.

106 — Sabre d'officier russe : lame damasquinée d'or.

107 — Plusieurs Sabres de cavalerie. — Allemagne.

108 — Plusieurs Sabres d'infanterie. — Allemagne.

109 — Sabres Arabes.

110 — Sabre d'officier de la marine espagnole.

111 — Sabre d'officier, infanterie italienne.

112 — Sabre de soldat du génie. — Allemagne.

113 — Sabre formé de sapèques. — Chine.

114 — Sabre Persan.

115 — Sabre Nubie.

116 — Quatre Sabres Marocains.

117 — Deux Sabres de Laos.

118 — Trois Sabres Japonais.

119 — Sabre Cambodgien.

120 — Sabre de la Mongolie.

121 — Trois Sabres Indiens.

122 — Sabre Circassien.

123 — Sabre d'exécution Indien.

124 — Deux Sabres d'exécution. — Chine.

125 — Coupe-tête Annamite.

126 — Sabre Albanais.

127 — Sabre Sarde.

128 — Sabre d'officier du royaume de Naples.

129 — Quatre Sabres Turcs.

130 — Sabre de chef Sénégalais.

131 — Quatre Sabres Chinois.

132 — Sabre de Bornéo.

133 — Sabres non catalogués.

HALLEBARDES, LANCES, PIQUES

134 — Plusieurs hallebardes, fer gravé, XVIIe et XVIIIe siècles.

135 — Hallebarde byzantine, gravée et dorée en partie.

136 — Esponton, XVIIIe siècle.

137 — Fer de pique Révolutionnaire.

138 — Deux Piques de marine, d'abordage.

139 — Lance Persane.

140 — Fer de lance Persane, à deux branches flamboyantes en damasquiné d'argent.

141 — Lances Congolaises.

142 — Hallebardes, Lances et Piques non cataloguées.

HACHES, MASSUES

143 — Hache de parade de mineur Saxon, fer ajouré et orné, XVIIIe siècle.

144 — Hache de sapeur.

145 — Quatre Haches diverses.

146 — Deux Haches d'abordage.

147 — Hache d'officier de marine Anglaise.

148 — Deux Hachettes de Bornéo.

149 — Hachette Asiatique.

150 — Hache Persane.

151 — Hache du Dahomey.

152 — Trois Haches Congolaises.

153 — Hache Congolaise.

154 — Deux Haches, Afrique centrale.

155 — Haches non cataloguées.

156 — Matraque, Afrique centrale.

157 — Casse-tête.

158 — Marteau d'armes Asiatique.

159 — Deux Masses d'armes à six ailes d'acier, manche recouvert de velours bleu, douille en fer damasquiné d'argent.

160 — Deux Massues Canaques.

161 — Casse-tête en bois de fer, Afrique centrale.

162 — Massues et Haches non cataloguées.

PISTOLETS, REVOLVERS

163 — Long Pistolet orné d'incrustations d'ivoire gravé, pommeau ovoïde à cannelures, batterie à rouet finement gravée et ciselée, XVIIe siècle.

164 — Pistolet tromblon, orné d'incrustations, Maroc.

165 — Pistolet batterie à silex, crosse en noyer natté, calotte et garnitures cuivre ciselé, Saint-Etienne, XVIIIe siècle.

166 — Plusieurs Pistolets de poche, batterie à silex.

167 — Pistolet à coffre, de marine, batterie à silex, Maubeuge.

168 — Trois Pistolets à silex.

169 — Plusieurs Pistolets à silex à quatre coups.

170 — Pistolet à pierre avertisseur.

171 — Pistolet briquet.

172 — Pistolet à silex, Anglais.

173 — Pistolet modèle an IX, Maubeuge.

174 — Paire de Pistolets de poche à un coup, Saint-Etienne.

175 — Pistolet de fabrication Liégeoise, canon bleui, à pans, extracteur à ailette, cal. 5 m/m.

176 — Paire de Pistolets de poche, à piston, à deux coups.

177 — Paire de Pistolets de tir, à piston, à un coup, canon bronzé et rayé, fab. Liège, cal. 0,017.

178 — Paire de Pistolets de poche, à un coup, à piston, détente masquée, fab. Liège.

179 — Pistolet à percussion, Prusse, s. Saarn.

180 — Plusieurs Pistolets à piston.

181 — Pistolet de poche à broche, à deux coups, sys. Lefaucheux.

182 — Pistolet à un coup, canon à pans, Flobert.

183 — Pistolet silex, transformé à piston, garnitures cuivre.

184 — Paire de Pistolets à piston, de cavalerie.

185 — Pistolets non catalogués.

186 — Revolver à sept coups, percussion centrale, canon rayé, crosse palissandre, garnitures bronzées, s. Smith et Wesson, cal. 5 m/m.

187 — Revolver à six coups, canon et batterie bronzés, poignée ébène, fab. Liège, cal. 5 m/m.

188 — Revolver à six coups, garnitures nickelées, fab. Liège, cal. 5 m/m.

189 — Revolver à six coups, poignée bois noir, garnitures nickelées, marque « The Baby », cal. 5 m/m.

190 — Trois Revolvers à six coups.

191 — Revolver à piston.

192 — Revolver d'ordonnance.

193 — Revolver à huit coups, s. Gouéry.

194 — Revolvers non catalogués.

ARQUEBUSES, MOUSQUETS, FUSILS

195 — Arbalète à jalet, arbrier en poirier rougi, arc acier, XVIe siècle.

196 — Arbalète à cric, de chasse, arbrier en noyer, garnitures de plaques ajourées, arc acier, Allemagne, XVIIe siècle (Vente A. DE NEUVILLE.)

197 — Arbalète forme pistolet, crosse noyer, pontet et canon bronzé, rainé, arc acier, XVIIe siècle.

198 — Riche Arquebuse couverte d'incrustations d'ivoire gravé, batterie à rouet finement gravée et ciselée, XVIIe siècle.

199 — Mousquet, batterie à rouet, XVIIe siècle.

200 — Tromblon à silex, crosse chêne, incrustations de cuivre, canon ciselé et damasquiné d'argent, s. Rossi, XVIIe siècle.

201 — Fusil à vent, XVIIIe siècle.

202 — Mousqueton de la manufacture de Versailles.

203 — Fusil, batterie à silex, s. Pihet, 1822.

204 — Mousqueton à silex.

205 — Fusil à tabatière.

206 — Fusil de tir, de précision, à tabatière.

207 — Fusil à piston, canon bronzé, rayé, pour tir à la perche.

208 — Fusil à piston, modèle 1859.

209 — Fusil de chasse à deux coups, à piston, crosse sculptée.

210 — Fusil de chasse à deux coups, à broche calibre à 16 $^m/_m$, système Lefaucheux.

211 — Fusil de chasse, ferrures ciselées en relief, calibre 20 $^m/_m$.

212 — Carabine Flobert, canon bruni, crosse noyer verni.

213 — Carabine Revolver, percussion centrale, canon bronzé.

214 — Mousqueton Gras.

215 — Carabine Gras.

216 — Fusil Remington.

217 — Fusil Manceaux.

218 — Fusil Chassepot.

219 — Deux Fusils Orientaux.

220 — Carabine Orientale.

221 — Fusil Turc, orné d'incrustations de cuivre et de nacre.

222 — Moukala.

223 — Fusil à mèche Japonais.

224 — Fusil à aiguille, Allemagne.

225 — Fusils non catalogués.

LIVRES

226 — **Aesops Fables** with his life in english, french and latin. *London*, 1687. 1 vol. rel. avec nombr. grav.

227 — **Almanach** dédié aux Dames, pour l'an 1808. *Paris, Le Tuel et de Launay*. 1 vol. rel. mar. rouge, tr. dor., avec grav.

228 — **Annales (Les)** politiques et littéraires. 15 vol. rel. Années 1892 à 1906.

229 — **Almanach royal.** 1790. 1 vol. rel. veau.

230 — **Abrégé** chronologique de l'Histoire de France. 1668, 3 vol. av. grav.

231 — **Almanach des Muses.** *A Paris, chez Delalain*, 1769, 1 vol. rel. av. grav.

232 — **Almanach des Muses.** *A Paris, chez Delalain*, 1771, 1 vol, av. grav.

233 — **Almanach des Muses**. *A Paris, chez Delalain*, 1777, 1 vol. rel.

234 — **Almanach des Muses.** *A Paris, chez Delalain*, 1781. 1 vol. rel.

235 — **Almanach des Dames** pour l'an 1822. *A Paris, chez Freuttel*. 1 vol. in-8 orné de grav.

236 — **Arbieu et Boussard.** Histoire de Napoléon. *Paris*, 1858, in-4 cart. av. grav.

237 — **Anquetil**. Histoire de France. 15 vol. dem.-rel.

238 — **Arnault.** Biographie nouvelle des Contemporains. *Librairie historique*, 1820, 20 vol. in-8. dem.-rel.

239 — **Barthez** (J.) (Dr). Encyclopédie. Dictionnaire spécial et médecine usuelle. *Paris*, *Rolland*, 1893, 1 vol. br. ill.

240 — **Beautés de la Femme (Les)**, orné de photographies d'après nature. *Paris*, *Nouvelle Librairie artistique*, 30 fasc.

241 — **Bayard** (Émile). Album de Documents artistiques d'après nature. *Paris*, *Bernard*, 1905, 40 fasc.

242 — **Bayard** (Émile). L'Académie en plein air. *Paris*, 1 vol. rel.

243 — **Bachet** (Gaspar) (Messire). Commentaires sur les Epistres d'Ovide. *La Haye, chez du Sauzet.* 2 vol. rel.

244 — **Bachelet** (Th.). Dictionnaire général des Lettres, des Beaux-Arts. 2 vol. in-8 rel.

245 — **Bouillet**. Alas universel d'Histoire et de Géographie. *Paris*, *Hachette*, 1865.

246 — **Bello Huguenotico**. L'eschole de Salerne en vers burlesques et Poema macaronicum. *Rouen*, *chez Ferrand*, 1609, 1 vol. in-12.

247 — **Bijoux Indiscrets (Les)**. Au Monomotapa. *Ed. anc.*, 2 vol.

248 — **Biographie** des Contemporains. *Paris*, 1820, 20 vol. rel.

249 — **Code civil** des Français. *Imprimerie de la République*. 1803, 1 vol.

250 — **Clouet** (L'Abbé). Géographie moderne, avec cartes, rel. 1793.

251 — **Chefs-d'Œuvre** de Pope. *A Paris, rue des Maçons*, 1788, 1 vol. rel. veau.

252 — **Correspondance** politique et confidentielle inédite de Louis XVI. An XI, 2 vol. in-8, cart.

253 — **Dictionnaire** latin-français. 1 vol.

254 — **Dulaure** (J.). Histoire de la Restauration. *Paris, Degorce-Cadot*, 1 vol., dem.-rel.

255 — **Deshoulières** (M. et Mlle). Poésies de. *Bruxelles, chez Foppens*. 1708. 1 vol. rel. veau.

256 — **Dictionnaire** d'Histoire naturelle. *Paris, Lacombe*, 1768. 6 vol. rel.

257 — **Dictionnaire Universel** des Arts et Métiers. *Paris, Le Roi*, 1843, 6 vol. br.

258 — **Duval** (Amaury). Essais de Montaigne. *Paris*. 1824, 6 vol. rel.

259 — **Duboccage** (Mme). Le Colombiade ou La Foi. Poésie. *A Paris*. 1808. 1 vol. in-8. rel. mar. rouge. dos orné, av. grav.

260 — **Dictionnaire Universel**. *Imprimerie de Mame frères*, 1810, 20 vol. in-8. rel. veau.

261 — **Dujardin-Beaumetz**. Leçons de clinique thérapeutique. *Paris, Doin* 3 vol. in-8 cart.

262 — **Étrennes lyriques** anacréontiques présentées à Madame. Année 1792. *A Paris, chez l'auteur*. 1 vol. rel.

263 — **Étrennes du Parnasse**. Choix de Poesies. 1785. *A Paris, rue Mêlée*, 1 vol. rel. veau.

264 — **Étrennes lyriques**. *Paris*. 1798. 1 vol.

265 — **Faivre** (M. de). Les quatre heures de la toilette des Dames. Poésie érotique en quatre chants. 1 vol. orné de grav. par Le Clerc

266 — **Figuier** (Louis) (Direction). La Science Illustrée. Années 1891 à 1896. 6 vol. dem.-rel.

267 — **Flavius** (Joseph) Histoire des Juifs. *A Paris, chez Le Petit.* 1667, 1 vol.

268 — **Gil Blas (Le) Illustré.** Années 1891 au 21 août 1903. En 6 vol. rel. Les nos du 2 janvier au 21 août 1903 sont en feuilles.

269 — **Gomart.** Histoire de la ville de Saint-Quentin. 4 vol. in-8 rel.

270 — **Grâce Féminine (La).** Ouvrage illustré par la photographie. Reproduction en couleurs. *Paris, Librairie d'Art technique.* 1 vol. rel.

271 — **Histoire des Papes.** *Administration de Librairie, Paris.* 1842, 10 vol. in-8 rel., d. orné, ill. de nombr. grav. sur acier.

272 — **Hamel** (Ernest). Histoire illustrée du Second Empire. *Paris,* 1874, 1 vol.

273 — **Janin** (Jules). Rachel et la Tragédie. *Paris, Delahaye,* 1861.

274 — **Lachatre** (Maurice). Nouveau Dictionnaire Universel. *Paris, Docks de la Librairie.* 4 vol. in-4, rel.

275 — **Lachatre** (Maurice). Nouvelle Encyclopédie nationale. *Paris, Docks de la Librairie,* 1 vol. in-4, dem.-rel.

276 — **La Fontaine** (Par M. de). Contes et Nouvelles. *Londres,* 2 vol. in-8, rel. maroq. rouge, grav. de Martinet. *Éd. anc.*

277 — **La Fontaine** (De). Contes. *A Paris, chez A. Nepveu* 1820, 4 vol. rel. toile, orné de 72 grav. d'après Desenne, Degouy, etc.

278 — **Larousse** (Pierre). L'École Normale. *Paris,* 8 vol. cart.

279 — **Louis Blanc**. Histoire de la Révolution Française. Orné de 600 grav. *Paris, Ch. Lahure*, 2 vol., dem.-rel., in-4.

280 — **Lecture (La)**. *Librairie Illustrée*. 10 vol. in-8, dem.-rel.

281 — **Mosaïque (La)**. Revue pittoresque illustrée. Années 1873, 1874, 1875 et 1876. 2 vol. cart.

282 — **Maurin** (A.). Histoire de la chute des Bourbons. *Paris*, 1840, 6 vol. cart.

283 — **Murailles** politiques Françaises (Les) depuis le 18 juillet 1870 jusqu'au 25 mai 1871. *Paris, Le Chevalier*. 1874, 1 vol. cart.

284 — **Mémoires** d'une Contemporaine. *Bruxelles*, 1827, 1 vol. cart.

285 — **Mémoires** de M. l'Abbé Edgeworth, dernier confesseur de Louis XVI. *Paris, Gide*, 1817.

286 — **Nature (La)**. *Paris, Masson*. Années 1895 à 1904. 20 vol. in-8 dem-rel.

287 — **Nu Académique (Le)** *Nouvelle Librairie artistique*. 1 vol. rel. illust.

288 — **Norvins (De)**. Histoire de Napoléon. 4 vol. in-8 ornés de vignettes, dem-rel. dos orné.

289 — **Ordre des Francs-Maçons trahi (L')**. *Amsterdam*, 1745, 1 vol. orné de grav.

290 — **Orbigny (C. d')**. Dictionnaire universel d'Histoire naturelle. *Paris, Houssiaux et Cie*. 13 vol. rel.

291 — **Pouillet**. Éléments de physique. *Paris*, 1837, 2 vol. in-8 rel.

292 — **Piron (Œuvres de)**. *A Paris, imprimerie Lambert*, 1776. 8 vol. rel. veau.

293 — **Revue des Deux-Mondes (La)**. 24 vol. in-8 cart. dos toile.

294 — **Racine (Œuvres de).** *Paris*, 1790, 6 vol. rel.

295 — **Rabelais (Œuvres de).** *Paris*, *Delarue*, 6 vol. br.

296 — **Sainte Bible (La).** *Chez Plantin et Moret*, *Anvers*, 1717. 1 vol.

297 — **Sept Péchés capitaux (Les).** *Paris*, *Bernard et Cie* : La Luxure, par A. Sylvestre. — La Paresse, par V. Nadal. — L'Envie, par A. Ségard. — La Gourmandise, par B. Marcel. — La Colère, par de Ricard. 5 vol. ill. br.

298 — **Simon (Jules).** Souvenirs du 4-Septembre. Édition illustrée. *Paris. Librairie Illustrée.* 1 vol. rel.

299 — **Solard (Aug.).** Histoire de l'Hôtel royal des Invalides. *Paris*, *chez Dumaine*, 1845. 1 vol. cart.

300 — **Sorin (Élie).** Histoire de la République Française. *Paris*, *F. Polo*, 1875. 1 vol. rel.

301 — **Saint-Laurent (Ch.).** Dictionnaire encyclopédique usuel. *Paris*, 1845, 1 vol. rel.

302 — **Tissot.** L'Onanisme. *Lausanne*, *chez Chapuis*, 1769, 1 vol. rel. veau.

303 — **Ure (Andrew).** Dictionnaire de Chimie. *Paris*, *Le Blanc*, 1822. 4 vol. dem.-rel. in-8.

304 — **Vignola (A.).** L'Étude Académique, illustré par la photographie d'après nature. *Paris*, *Librairie d'Art technique*. 3 vol. rel.

305 — **Vapereau (G.).** Dictionnaire universel des Contemporains. *Paris*, *Hachette*. 1858. 2 vol. in-8 cart.

306 — **Vorepierre (Dupiney de).** Dictionnaire Français ill. *Paris*, *Michel Lévy*, 1867, 2 vol. av. grav. in-4.

307 — **Zola (Émile) (Œuvres de).** 32 vol. dont 12 rel.

308 — Sous ce numéro il sera vendu par unités ou par lots, à la fin de la vacation, environ 1500 vol. en bon état, anciens et modernes, la plupart brochés : Romans contemporains. — Nouvelles. — Littérature badine et légère. — Nombreux ouvrages sur la Médecine, la Jurisprudence, l'Histoire naturelle. — Voyages. — Revues. — Bibles. — Beaux-Arts. — Sciences. — Géographie. — Mémoires. — Histoire. — Théâtre. — Biographie. — Nombreux Catalogues de Ventes, de Musées, d'Expositions, etc.

OBJETS DIVERS

309 — Cuivrerie militaire : Hausse-cols, Plaques de coiffures, etc.

310 — Canne de Tambour maitre, 1852.

311 — Décorations.

312 — Lot de Gardes de sabres, d'épées, de garnitures de fourreaux, etc.

313 — Armure japonaise.

314 — Bouclier, Casque et Brassard persan ; les trois pièces entièrement damasquinées et incrustées d'argent, ornées de fleurs et motifs orientaux.

315 — Carquois en cuir rouge ouvragé, Sénégal.

316 — Coup-de-poing, Cabriolet, Poucettes, Chaine de sûreté, etc.

317 — Fers de flèches, Sénégal.

318 — Poires à poudre.

319 — Étui en jonc tressé, avec Flèches, Congo.

320 — Sonde aux armes de Russie, portant la marque Toula 1810, épave de l'occupation Russe en France, en 1815.

321 — Éprouvette.

322 — Paire d'Éperons Mexicains.

323 — Casques Prussiens et autres.

324 — Bouclier gravé.

325 — Pièces d'équipement.

326 — Pièces d'harnachement.

327 — Bâton de cérémonie Asiatique; tube en fer terminé par une tête d'idole damasquinée d'argent, portant deux grandes cornes.

328 — Gardes de sabres Japonais.

329 — Éclats d'obus, Détonateurs, petits Obus Hotchkiss, etc.

330 — Armatures de panoplies.

331 — Lot d'Assignats.

332 — Estampes satiriques: Le Testament de Bonaparte ; le Nec plus ultra du Cannibalisme ; Ils viennent se bruler à la Chandelle ; Le Chef de la grande nation dans une triste position, etc.

333 — Documents divers, Parchemins, etc,

334 — Lot de Photographies intéressant l'Histoire de Paris, plusieurs de la famille Impériale, second Empire.

335 — Casier à usage de Bibliothèque, démontable et à crémaillère.

336 — Sous ce numéro seront vendus les objets omis au présent Catalogue.

IMPRIMERIE MAULDE ET RENOU

MAULDE, DOUMENC & Cie

IMPRIMEURS DE LA COMPAGNIE DES COMMISSAIRES-PRISEURS

Rue de Rivoli, 144

www.ingramcontent.com/pod-product-compliance
Ingram Content Group UK Ltd.
Pitfield, Milton Keynes, MK11 3LW, UK
UKHW020527180726
13839UKWH00005B/2354